Estos cuentos los dedico a mi gran amor,
que me apoya en todo y me hace creer en la magia.
Deseo que mis cuentos vean la luz.

LUCY Y SU PERRITA KITTY

Érase una vez, una niña llamada Lucy y su perrita yorkshire terrier llamada Kitty que tenía cinco añitos.

Lucy era hija única, tenía ocho años y vivía con sus padres en una casa de campo. La ciudad estaba a media hora de distancia.

Lucy era muy curiosa desde muy pequeña y ponía su dedo corazón en todas las cosas que veía. Dejaba la huella de su dedito en todo lo que tocaba.

Una tarde, paseando por el campo con su perrita, se encontró con una libélula de alas de color azul; la tocó con su dedo corazón y la libélula se transformó en un hada con alas multicolor, como un arco iris.

Lucy y Kitty se pusieron muy contentas al ver a la preciosa hada. La perrita movía su colita y ladraba de alegría.

El hada de alas multicolor las llevó por un camino que conducía a un pasadizo largo y estrecho. Al final de ese túnel, vieron que una gran roca cerraba el paso. Lucy tocó la gran piedra con su dedo corazón y esta se movió, dejando ver un mundo de colores y fantasía.

La niña y su perrita, acompañadas por el hada, estaban extasiadas y maravilladas por todo lo que veían.

La perrita Kitty no paraba de ladrar y mover su colita de alegría y felicidad.

Todo a su alrededor olía a rosas y jazmín. El aroma era embriagador.

El cielo era azul intenso. Todo estaba lleno de flores y árboles de diferentes colores y el ambiente estaba iluminado por una luz blanca y rosada.

Las flores se movían como si estuvieran bailando y los árboles también se movían y se desplazaban. Era un mundo diferente.

Lucy se fijó en un árbol muy bonito de hojas verdes y brillantes. Lo tocó con su dedo corazón y el árbol extendió sus ramas para abrazarla y expresarle su amor. También extendió una rama para coger a la perrita Kitty y acariciarla con sus hojas. La perrita movía la colita de felicidad.

El árbol de hojas verdes y brillantes pidió permiso al hada multicolor para poder acompañar a Lucy y a Kitty y poder quedarse con ellas para siempre.

Entonces, el hada le dijo:

—Si te vas, no puedes regresar a tu mundo.

El árbol le contestó:

—No importa. Estaré siempre con Lucy y Kitty, mis amigas.

La niña y su perrita regresaron a su casa con su amigo el árbol. Este se quedó fuera, custodiando la entrada de la casa para dar la bienvenida a los visitantes con su majestuosidad y belleza.

Los padres de Lucy vieron el árbol de hojas verdes y brillantes y quedaron maravillados ante tanta belleza. No se preguntaron cómo llegó un árbol tan especial hasta su casa. Se limitaron a creer en los milagros de la madre Tierra y del Universo.

Lucy y Kitty se sentían muy felices y protegidas por su amigo el árbol.

En otra ocasión, la niña y su perrita volvieron al bosque. Esta vez vieron un águila dorada que volaba en círculos a su alrededor.

De pronto, el águila se posó sobre una gran piedra. Lucy y Kitty se acercaron y la niña puso su dedito corazón sobre el pecho del águila y esta se transformó en una nave espacial. Al instante se vieron dentro de la nave.

A la velocidad de la luz, atravesaron la atmósfera terrestre y vieron el planeta muy pequeñito. Contemplaron parte del Universo. Vieron nuestra galaxia y varios planetas. Entonces, Lucy reconoció que hay otros mundos además del planeta Tierra.

Con sólo ocho añitos, la niña percibió que no estamos solos en este Universo.

En la nave no se veía a nadie. Solo había una luz dorada que iluminaba la estancia.

Lucy y su perrita se encontraban bien y estaban muy emocionadas.

La niña tocó con su dedo corazón un botón de la nave y volvieron a su mundo en un instante. Frente a ellas estaba el águila dorada.

La niña percibió que el águila estaría siempre cerca de su casa para protegerla. Y así fue. El águila dorada volaba todos los días sobre la casa de Lucy.

La niña y su perrita se sentían seguras, felices y contentas.

Ahora Lucy sabe que no estamos solos en el planeta Tierra.

—¿Qué es el tiempo? —Se pregunta—. A veces pasa rápido, a veces muy despacio; depende de cómo lo percibas y depende también de la dimensión en la que te encuentres.

El tiempo es relativo, pues en un instante pudo viajar por el Universo infinito y regresar a su casa.

En otro paseo especial, Lucy y Kitty se encontraron con un pajarillo amarillo que cantaba sin parar. La perrita movía su colita de alegría y a Lucy le gustó el encuentro.

El pájaro amarillo hizo que lo siguieran hasta una fuente de agua. Lucy llenó sus manos de esta especial agua y dio de beber a Kitty, que estaba sedienta. La niña puso su dedito corazón en el centro de la fuente y una gota de agua se quedó pegada en su dedo, que quedó brillando al sol como un arco iris diminuto.

—¡Qué agua tan limpia y rica! —Decía Lucy mientras ponía su dedo corazón sobre ella.

De vuelta a casa, la niña puso su dedito corazón en un rincón fuera de la casa. Al instante brotó una pequeña fuente de agua fresca, pura y cristalina.

Lucy y Kitty estaban felices. Tenían el conocimiento del Universo y poseían una fuente de agua pura y mágica.

La niña y su perrita paseaban juntas todos los días, felices y radiantes.

Se sentían amadas y protegidas por la Madre Tierra y el Universo infinito.

FIN

LAURA Y LA FOCA FIFÍ

En un lugar del mundo se hallaba una pequeña isla. Cerca del mar se encontraba un pueblo de pescadores. Los hombres salían todos los días a pescar y vivían de ello.

Sucedió que un día hubo un altercado con la venta del pescado, pues un pescador pescó más que otros y la envidia apareció, provocando una pelea que ganó el buen pescador. El otro se fue a casa malherido. Su mujer era una bruja hechicera.

—¿Quién te pegó? Esto no va a quedar así —dijo la bruja.

El pescador herido mencionó la identidad del pescador ganador y la bruja fue a visitarlo. La casita del buen pescador era humilde y vivía solo con su esposa. No tenían hijos.

La bruja se dirigió al hombre y le dijo:

—Yo te maldigo. Si tienes descendencia, será un pez.

Acto seguido, la bruja se fue. Al poco tiempo, la esposa del buen pescador quedó embarazada. Estaban felices pero también temerosos por lo que les dijo la bruja.

Pasó el tiempo y el nacimiento llegó. La esposa dio a luz una niña. Todo se veía normal. Le pusieron de nombre Laura.

Cuando la madre dio el primer baño a su bebé, sus piernecitas se transformaron en una cola de pez. La maldición se cumplió y Laura era un pez.

Cuando los padres estaban con su niña y la gente del pueblo estaba presente, siempre procuraban guardar el secreto de Laura y se aseguraban de que la niña no tuviera contacto con el agua en público.

Los padres querían mucho a su hija y se esforzaban para que fuera feliz. Cuando el padre no pescaba, iba con su esposa y la niña a un lugar apartado y recóndito, cerca del mar, para que su hija disfrutara nadando.

Laura era una sirenita gozando del mar. Era un hermoso pez.

Una vez, su padre trajo un bebé de foca, estaba solo y no había señales de su madre. Parece ser que la madre foca parió gemelos pero la naturaleza de estos mamíferos hace que solo amamante una cría, abandonando a la otra. Por suerte, el padre de Laura vio a la foca bebé abandonada y la llevó a su casa y la crió. Llamaron a la foquita Fifí.

Laura y la foca Fifí se criaron juntas y jugaban en el mar. Eran muy felices.

Pasó el tiempo y la niña cumplió once añitos, era muy bonita. Tenía el cabello largo, rojo y brillante. Sus ojos eran de color violeta con largas pestañas. Su piel tenía un ligero toque con chispitas de oro y cuando estaba en el mar, su cola de pez era dorada y brillante. Laura era una niña de extraordinaria belleza en la superficie y en el mar era una sirena bellísima.

—Fifí, vamos al mar —le decía Laura a la foca.

Y en el lugar escondido y secreto, se lanzaban al mar. Un día, llegaron hasta el fondo y encontraron un barco hundido y deteriorado. Lo exploraron y vieron un arcón lleno de monedas de oro. Laura cogió una concha de caracola y la llenó de monedas. Regresaron a casa y la niña entregó la caracola con las monedas de oro a su madre.

—¡Hija mía, son monedas de oro! ¿Dónde las hallaste?

—Fifí y yo nadamos hasta el fondo del mar y vimos un barco hundido. Allí hay un arcón lleno de monedas de oro.

Cada vez que Laura iba al fondo del mar, recogía monedas de oro del barco hundido. Su madre las guardaba en la casa como un tesoro.

En otra ocasión, la sirenita y su foquita Fifí se fueron al mar y nadaron largo rato. De pronto, apareció un gran tiburón blanco que atemorizó a Laura y Fifí. La sirenita y su foca estaban en peligro. Pero, al instante, apareció una manada de delfines que rodearon a la sirenita y a Fifí, protegiéndolas y ahuyentando al gran tiburón blanco. Laura dio las gracias a los delfines y jugó con ellos largo rato. La sirenita se dio cuenta que entendía el lenguaje de los delfines y se podía comunicar con ellos. Les dijo que volvería para jugar.

La sirenita estaba feliz en el mar con su foquita Fifí y los delfines. Siempre regresaba a casa con conchas y caracolas, con las que su madre adornaba el hogar.

Al final, los padres tenían una caja llena de monedas de oro y la casa adornada con conchas, caracolas y estrellas de mar.

En otra ocasión, Laura y Fifí disfrutaron del espectáculo de la suelta de tortuguitas al mar. La isla era visitada por muchas tortugas que venían todos los años para anidar. Las tortugas chiquitinas caminaban hacia el mar y Laura y Fifí se aseguraban de que todas llegaran sanas y salvas al mar. Era un espectáculo enternecedor y Laura disfrutaba con ello.

Pasaron los años y Laura creció y cumplió dieciséis años. En la superficie era una jovencita bellísima con sus ojos violeta y largas pestañas. Destacaba su cabellera larga, roja y brillante y su piel brillaba al sol con chispitas doradas. Nadie conocía su secreto. Nadie sabía que Laura era una sirena, solo lo sabía la bruja hechicera, quien tenía dos hijos varones de veinte y dieciocho años. El joven de dieciocho años se llamaba Marco y estaba enamorado de Laura.

La jovencita siempre iba a nadar sola con Fifí; nunca con amigas, para que no descubrieran su secreto.

Marco era un joven guapo y atlético y le gustaba mucho nadar. También buceaba muy bien y le gustaba ir en busca de perlas. El joven consiguió tener una buena colección de perlas naturales con las que hizo un hermoso collar.

En una ocasión, Marco siguió a Laura y su foquita Fifí y vio cómo la jovencita y la foca se fueron al mar. Marco corrió tras ellas y se lanzó a nadar. Ya en el agua, Marco vio asombrado una bellísima sirena con la foca. "Pero... ¿dónde estaba Laura?", se preguntaba. De pronto, descubrió que el rostro de la sirena era el mismo que el de Laura. Marco estaba viendo algo que no entendía.

—¿Por qué la sirena tenía el rostro de Laura? ¿Acaso Laura es una sirena?

Marco salió del mar y esperó en la orilla. La sirena salió del mar con la foca y se posó sobre una roca para secar su cola de pez y volver a ser humana. Marco estaba presenciando toda la transformación. Cuando Laura secó su cola de pez y aparecieron sus piernas, se vistió y regresó a casa con Fifí.

Marco no salía de su asombro, la joven Laura, a quien él amaba en silencio, era una sirena. Enseguida entendió que no podía contar este secreto a nadie. Pues si lo comentaba, la gente podría hacer daño a Laura.

La vida en el pueblecito pesquero seguía con sus rutinas diarias y Laura y Fifí salían a nadar todos los días, visitando a los delfines y jugando largo rato con ellos. Luego regresaban a casa felices y llenas de energía.

En un paseo por el pueblo, Laura y su foca se encontraron con Marco. Este aprovechó para entablar conversación con Laura. A partir de entonces, se hicieron amigos y se encontraban todos los días para pasar la tarde juntos, paseando por el pueblo. Después de muchas citas, Laura se enamoró de Marco.

Una tarde, Marco vino con un paquete regalo y Laura lo abrió. Era un maravilloso collar de perlas naturales que Marco se apresuró a poner en su esbelto y hermoso cuello. Las perlas naturales resaltaban aún más la extraordinaria belleza de Laura y Marco estaba embelesado.

El noviazgo de Laura y Marco transcurría sin novedades, puesto que solo se veían en la superficie. Nunca fueron a nadar juntos, aunque Marco ya conocía el secreto de Laura.

Transcurrió el tiempo y ya todo el pueblo conocía la relación de noviazgo de Laura y Marco.

La bruja hechicera, madre de Marco, también se enteró y no le gustó nada. Habló con su hijo e intentó disuadirlo de que ser novio de Laura no le convenía. Pero Marco estaba muy enamorado e hizo caso omiso del aviso de su madre.

A los padres de Laura tampoco les gustó la noticia de que su hija fuera novia del hijo de la bruja hechicera. Ellos temían lo peor cuando Marco supiera la verdad.

33

Los padres de Laura ignoraban que Marco ya conocía el secreto de su hija. Marco ya sabía que Laura era una sirena y no le importaba lo que fuera, porque él ya la amaba y la defendería contra todo y contra todos.

Marco habló con su madre, la hechicera, y le mencionó la intención de casarse con Laura. La bruja quería a su hijo pero no quería que se casara con la joven.

—Marco, hijo, si te casas con Laura, puedes tener muchos problemas en tu vida. Esa chica no es normal y vas a tener muchas dificultades más adelante. Aunque te duela, déjala. Ella no es para ti.

—Madre, amo a Laura y me casaré con ella.

La bruja hechicera comprendió que su hijo amaba profundamente a Laura y que ella no podía hacer nada para disuadirlo. Tampoco sabía que su hijo Marco ya sabía que Laura era una sirena.

El amor de ambos jóvenes era tan profundo e inquebrantable que todos los impedimentos familiares no pudieron con ellos.

Laura contó a Marco su secreto y este le dijo que ya lo sabía. Lo descubrió él mismo en el mar.

Al final, Marco y Laura se casaron y Fifí se fue a vivir con ellos.

Los padres de Laura les compraron una casita con las monedas de oro que guardaron como regalo de bodas y el joven matrimonio tenía un nuevo hogar.

Marco resultó ser un buen pescador y vivían bien y sin carencias.

Los jóvenes iban todos los días con la foca Fifí al lugar escondido cerca del mar para que Laura pudiera estar en su elemento sin que nadie los viera. Como Marco era un buen nadador y buceador, disfrutaban juntos del mar.

La bruja hechicera, como no quería dañar a su hijo, no intervino en la relación del jóven matrimonio.

En una ocasión, la foca Fifí se marchó sola y estuvo varios meses desaparecida. Laura y Marco se entristecieron por su ausencia.

La joven pareja disfrutaba de su amor y salían a nadar con los delfines todos los días.

Un día, Laura descubrió que estaba embarazada. Al poco tiempo, apareció la foca Fifí que también estaba gestando a su bebé.

El matrimonio siempre se lanzaba al mar en el lugar secreto, para que nadie viera que Laura era una sirena.

El tiempo transcurrió felizmente y Laura dio a luz una preciosa niña. Contaba con la ayuda de sus padres, los únicos que sabían que Laura era una sirena.

La foca, a su vez, parió a su bebé, al que cuidó amorosamente.

El bebé de Laura resultó ser como ella, una linda sirenita que compartía sus juegos con la bebé foca de Fifí.

Nada ni nadie se interpuso en la felicidad de los jóvenes enamorados. Hasta la bruja hechicera quedó prendada de su nieta y no volvió a hechizar a nadie más.

Marco y Laura presentaron a su pequeña sirenita a sus amigos los delfines, que demostraron su alegría al ver el pequeño cuerpecito de una sirena bebé. La bebé sirenita era hermosa como su madre.

La foca Fifí también presentó su bebé a los delfines.

Hasta el mar se estremeció de alegría y felicidad, pues una luz dorada iluminaba y rodeaba a los delfines con Laura, Marco, Fifí y los bebés.

La luz dorada que los rodeaba les decía:

—Seréis felices para siempre.

FIN

LA NIÑA DEL ARCO IRIS

Es verano y el sol luce esplendoroso en un cielo azul inmaculado, sobre altas montañas verdes que rodean a un pueblecito de solo seis casas.

En una casa sucede un gran acontecimiento: un nuevo ser viene al mundo. De forma natural y sin ninguna complicación, nace una niña. En este preciso momento, surge una tormenta de verano. Empieza a llover y aparece un arco iris tan hermoso como nunca se había visto hasta entonces.

¡Sí, Sara nació con un signo especial! De ahí que la llamaran "la niña del arco iris".

El padre de Sara trabaja en un pequeño espacio de tierra al que saca todo el fruto que la madre naturaleza le permite. También tienen una cabra que les abastece de leche con la que Ana, la madre de Sara, hace riquísimos quesos que luego vende el padre en la ciudad.

José y Ana, padres de Sara, se casaron muy enamorados y cuando Ana esperaba un bebé, José se puso muy contento.

Ana quería que su bebé fuera una niña muy hermosa y ella la ayudaría a entender la naturaleza para convivir con ella. José soñaba que fuera niño, así tendría con quien compartir las tareas

de la huerta e irían a cazar juntos. Mas, desde el momento en que la niña nació, tanto su madre como su padre ya la adoraban.

Sara creció sin problemas, pues era una niña alegre y sana.

El tiempo transcurrió felizmente hasta que cumplió siete años. Con esta edad, Sara era muy inteligente y en su afán de saber, hacía muchas preguntas.

—¡Mami! ¿Qué es esto?... ¡Papi! ¿Qué es aquello?... ¡Mami! ¿Por qué esto?... ¡Papi! ¿Por qué aquello?...

Tiene tantas preguntas que hacer que la lista se le hace interminable. Sus padres responden siempre con gran ternura y paciencia a todas y cada una de sus preguntas.

Sara tiene algunas amiguitas de las casas vecinas y juega con ellas en la pradera.

Un buen día, sus padres decidieron tomarse un día libre.

—Sara, hijita, levántate. Nos vamos a las montañas —le dice su madre.

La niña se puso muy contenta, pues para ella, ir a las montañas era una gran aventura, algo diferente.

Por fin, se alejaron del pueblo y llegaron a un lugar precioso donde reina el silencio, solo roto por el murmullo del agua de una pequeña cascada y el canto de los pájaros.

Sobre un hermoso césped verde y bajo la sombra de un árbol, su madre extiende un pequeño mantel y sobre él va depositando frutas, quesos, carne, ensalada...

—Sara, ven conmigo —le dice su madre—. Vamos a coger agua de la cascada para beber. Verás qué rica está.

El agua estaba fresca y con un sabor muy especial.

—Mami, papi, ¿puedo pasear por el campo?

—Sí, pero no te alejes —le dicen sus padres.

—No me alejaré —contesta Sara.

Pero la niña olvidó el consejo de sus padres y se perdió.

—Mamá, papá, ¿dónde estáis? —decía Sara.

Los padres, desesperados, buscaban a su hija pero la niña ya estaba lejos. La pequeña, desesperada, rompe a llorar. Llora tanto, tanto... que sus lágrimas forman burbujas que suben y suben, formando un círculo de globos que, al llegar muy alto en el cielo, se rompen y empieza a llover.

Como el cielo está azul y el sol brilla todavía, aparece un arco iris y con él una figura alargada, similar a un lapicero vestido con una túnica larga hasta el suelo y de siete colores.

—Ven conmigo —dice el personaje a Sara.

—¿A dónde me llevas? —pregunta la niña, temerosa.

—Confía en mí. No voy a hacerte ningún daño.

Sara le siguió y después de atravesar su camino de lágrimas, pudo ver el sol y los colores más hermosos que nunca ha visto.

—Pequeña, yo pertenezco al mundo de los colores, un mundo de ilusión y fantasía.

Este es nuestro reino, ven conmigo y te lo mostraré. Damos color a todas las cosas creadas. El Creador las hace y nosotros aplicamos el color adecuado para que haya armonía en tu planeta.

—Es fantástico. ¿Y cómo lo hacéis? —pregunta la niña.

—Es muy fácil ya que fuimos concebidos por el Creador para esta misión. Lo llevamos haciendo millones de años, desde que el mundo es mundo...

Por fin, llegaron a una sala muy grande que contenía una mesa alargada con ocho sillas.

—Aquí es donde se reúnen a estudiar y deliberar los asuntos más importantes del reino, presididos por mí, que soy el padre de todos. Ven, te presentaré a mis colaboradores.

»Aquí se sienta el padre rojo, le sigue el padre naranja, el padre amarillo y el padre verde. Por el otro lado de la mesa se sientan el padre azul, el padre añil y el padre violeta.

»Cada padre lapicero tiene doce hijos lapiceros pequeños y cada hijo tiene una tonalidad de color diferente.

»Sara, ¿conoces los siete colores?

—Sí, los conozco. Me gusta mucho dibujar y todos los días juego con mis colores.

—¿Te gusta mi reino?

—¡Oh! Sí, muchísimo, pero mis papás me estarán buscando y estarán muy preocupados.

—No lo sientas. Aquí no existe el tiempo. En mi mundo, todo es espacio, un gran espacio de colores.

—¿Quieres ver cómo trabajamos?

—¡Sí!, me gustaría —dice la niña.

—Pues ven conmigo. ¡Mira! Ahí está el lapicero rojo. Escúchale.

—Yo soy el lapicero rojo y pinto las rosas, los claveles y muchas flores más. También pinto muchas frutas, como las fresas..

—¿Te gustan las fresas, Sara? —pregunta el padre de todos.

—Muchísimo. Mamá las compra a menudo.

—¿Ves estas fresas? Están recién pintadas. Son fresquísimas. Prueba una.

—¡Umm...! Está riquísima.

—Esta otra fresa plántala en tu huerta y te dará las más ricas fresas durante toda tu vida. La fresa hará que tu vida esté llena de amor —dijo el lapicero rojo.

—Yo soy el color naranja y me puedes ver en muchas flores y frutas, como las naranjas. Sara, toma esta naranja mágica.

Plántala en tu huerta. Se convertirá en un precioso árbol que te dará las más exquisitas naranjas y velará por tu salud mientras vivas.

—Yo soy el color amarillo y estoy en muchas flores y frutas. ¿Ves estas campanillas?

—Sí, son unas flores preciosas. ¿Me das una?

—Claro, esta campanilla mágica es para ti. Plántala en tu huerta y estará siempre viva para ti. Cuando las toques sonará la melodía de la alegría y velará por tu felicidad mientras vivas. Tu corazón nunca estará triste.

—Yo soy el color verde y me puedes ver en los bosques, en las montañas y en los extensos campos... Trabajo mucho, ¿sabes?

De pronto, el lapicero verde se pone triste y empieza a llorar.

—¿Por qué lloras? —le pregunta Sara.

—Lloro porque las gentes de tu planeta destrozan mi trabajo. Las grandes constructoras arrasan mis campos y mis bosques para plantar en su lugar casas y rascacielos. Quedan pocas zonas verdes y esto me entristece.

»Sara, te regalo este abeto mágico para que lo plantes en tu huerta. El árbol te ayudará a desarrollar la inteligencia y llegarás a ser muy sabia y conocerás todos los secretos de la naturaleza.

—Yo soy el color azul y pinto el cielo... Cuando retornes a tu reino, pequeña Sara, di a las gentes que tengan más cuidado. En tu mundo hay muchas fábricas y muchas ciudades se llenan de humo que sube hacia el cielo y lo ensucian volviéndolo gris.

»Acepta esta nube mágica que te regalo y colócala en el techo de tu habitación. La nube te ayudará a ser artista y creativa, y por las noches podrás hablar con nosotros a través de tus sueños. La nube será nuestro contacto.

»Cualquier problema que tengas, recurre a la nube. Ella subirá al cielo y volará a nuestro reino y nosotros vendremos para ayudarte.

—Yo soy el color violeta y pinto muchas flores, como esta. ¿La quieres?

—Sí, es una violeta preciosa —le dice Sara.

—Planta la flor en tu huerta y te ayudará a buscar tesoros escondidos con los que obtendrás grandes riquezas.

—Yo soy el color añil, ni oscuro ni claro. Me llaman añil y a veces en los cielos puedes ver mi color. ¿Quieres algún regalo especial? Pide lo que quieras y te lo daré.

—¿Puedes darme una muñeca?

—Sí, acompáñame y verás...

El lapicero añil coge un papel blanco y pinta una muñeca con cara, manos y piernas de color rosa. Pelo rubio y vestido verde.

—Esta muñeca es para ti —le dice el color añil.

—Es muy bonita pero solo es un dibujo y yo quiero una muñeca auténtica...

—¡Oh, sí, olvidaba explicártelo!... Escucha, no tienes por qué preocuparte, pequeña, cuando llegues a tu mundo, la muñeca que te he dibujado cobrará vida, será auténtica y además será muy especial. Cantará, bailará y hablará, pero solo contigo... Y esto no podrás contarlo a nadie. Este será nuestro secreto.

»Pequeña Sara, si cuentas a la gente de tu mundo que tienes una muñeca especial, esta volverá a la hoja de papel y la perderás para siempre.

»Aprende a ser discreta y a callar un secreto —le dice el color añil.

Después de hablar con los siete personajes de colores, vuelve el Gran Padre Lapicero que le recuerda que tiene que regresar a su mundo.

Sara lleva los siete regalos en una bolsa de papel con los siete colores pintados: el rojo, naranja, amarillo, verde, azul, añil y violeta.

La pequeña, acompañada del Gran Padre Lapicero, llega hasta el arco iris de siete colores.

—Aquí debemos despedirnos, pequeña Sara. Guarda con cariño nuestros regalos y no nos olvides.

—Nunca os olvidaré.

Con la mano en alto, Sara dice adiós a todos los personajes.

La lluvia va cesando y el arco iris se va difuminando para dar paso a un cielo azul claro y brillante.

Sara se encuentra otra vez en su mundo, adormecida bajo un árbol. Y en esta situación la encuentran sus padres.

—Sara, hija, ¿qué te ha ocurrido? Te creíamos perdida. Pero habla, mi pequeña —le decía su madre.

—Estoy bien —dice la niña ya despierta.

Sara estaba más bonita que nunca y sus padres vieron en sus ojos un arcoíris.

Sí, de sus hermosos ojos salían haces de luz multicolores y sus padres, al contemplar esta luz maravillosa, sintieron que estaban en el paraíso.

Los padres quedaron abrazados a su hija largo rato...

—Cuéntanos, hijita, ¿qué te ha ocurrido? —Preguntaron los padres al unísono.

—Mami, papi, os lo contaré. Pero tengo mucho tiempo para relataros lo que me sucedió. Tengo toda mi vida para hacer que las vuestras sean vidas especiales, con un poquito de magia.... Y con una luz de siete colores.

—Esta hija nuestra —decían los padres—; siempre en las nubes, tan fantástica y soñadora....

FIN

LA NIÑA DE LA NARIZ RETORCIDA.

Érase una vez un pueblo situado en el valle del más allá. Este pueblo era pequeño, tenía pocas casas, se podían contar unas nueve en total. El pueblo era muy hermoso y estaba rodeado de frondosos árboles. Había un bosque maravilloso, lleno de pinos, abetos..., en fin, casi todas las especies de árboles que impregnaban el aire con un perfume que embriagaba a los habitantes de alegría, felicidad y energía para trabajar y, sobre todo, de amor por sus vecinos.

Así pues, como todos estaban contentos y felices, todos los vecinos se querían mucho y si uno necesitaba ayuda, todos se volcaban para ayudarlo. Su lema era: "Todos para uno y uno para todos". Ayudar siempre a quien lo necesitara.

Aquel pueblo era en verdad como un pequeño paraíso por el cual pasaba un pequeño río. El agua caminaba lentamente, acariciando las piedras del fondo con su agua limpia y cristalina.

Había que pararse un rato para poder sentir el susurro del agua que hablaba de forma relajante, acariciante. Era como si limpiara y purificara el alma de algún pecadito que se podía haber cometido... Cogían el agua con la mano y se la pasaban por la frente, pensando cosas buenas, y se sentían purificados. Se sentían más limpios de corazón.

63

Sus habitantes eran seres humanos normales, ni más guapos, ni más feos, simplemente, normales en cuestión de estética.

Era el año tal, del día tal, cuando en una casa del pueblo nacía una niña. Era el séptimo hijo de un matrimonio después de seis hijos varones.

—Al fin llegó la niña —decían sus padres.

Cuando miraron la cara de la niña, se quedaron un poco asombrados. Su nariz estaba retorcida..., como un nudo.

—¡Qué nariz tan rara tiene nuestra hija! —dice el padre dirigiéndose a su esposa.

—Sí, es una nariz muy singular—le contesta su esposa—. Qué feliz estoy de tener a mi hija en mis brazos decía la madre.

—Pero qué nariz tan rara, retorcida... —repetía su padre.

—Uhm...uhm..., en fin, que Dios te bendiga, hija mía —decían el padre y la madre casi al unísono.

Esta ejemplar familia tenía un nivel económico normal, tirando a bajo. Son siete bocas para alimentar y con los padres son nueve en total.

El padre trabajaba en el campo. Él mismo labraba la tierra y plantaba las semillas. Luego, recolectaba, bueno, sus hijos también le ayudaban un poco...

El mayor tenía catorce años, le seguía el de doce, diez, ocho, seis, cuatro y la niña que tardó en venir.

Para sus hermanos era como una muñeca pero la nariz retorcida también les impresionó, veían en su recién nacida hermana como un pequeño monstruo... y la miraban con un cierto temor y recelo...

Sus padres le pusieron de nombre Isabel. La pequeña jugaba con sus hermanos que la atendían y protegían.

La niña Isabel creció sana y alegre. Era una niña muy juguetona y sentía curiosidad por todo.

Pasó el tiempo y la pequeña Isabel cumplió siete años.

Cuando caminaba alrededor de su casa, miraba todo con mucho interés. Le gustaban las flores, las mariposas, los árboles y el agua del río que pasaba cerca de su casa.

Un día de verano salió de la casa y se adentró en el bosque sola. Se sentía muy feliz. Las mariposas revoloteaban a su alrededor y se sentía el canto de los pájaros y el aroma a fresca fragancia del bosque.

Caminó y caminó hasta que vio un árbol muy bonito. Era un nogal. Parecía que sus hojas tenían un brillo especial. El sol se posaba sobre ellas y brillaban como el oro.

Isabel, a sus siete años, sentía curiosidad por todo y se acercó al árbol y acercando su cara al tronco, puso su nariz en una pequeña y rara abertura que tenía el nogal. El tronco se abrió y dejó ver una puerta de la cual salió un duende diminuto con un sombrero dorado.

—Hola, Isabel —le dijo el duende.

—¿Sabes mi nombre? ¿Me conoces?

—Sí, te estaba esperando. Tu nariz es mágica y abrió la puerta de mi casa. Pasa, pequeña amiga, eres mi invitada. Ponte mi sombrero dorado y podrás pasar a mi pequeña dimensión.

Isabel entró en el árbol con el sombrero dorado. La casita del duende estaba limpia y ordenada y había una luz dorada que iluminaba toda la estancia.

El duendecillo le invitó a frutos secos, moras y arándanos y le narró su historia mágica y maravillosa de poder vivir en un bello árbol y disfrutar de la naturaleza.

Isabel le contó que era la séptima hija de una familia humilde pero trabajadora. La pequeña le habló de su nariz retorcida y que sus hermanos la despreciaban un poco.

El duendecillo le dijo:

—Tu nariz es tu suerte, tu fortuna y tu destino.

—¿Cómo puedes decir eso? Mi nariz es fea, me lo dicen mis hermanos.

—No. Tu nariz abrió la puerta de mi árbol dorado. —El duende le dio un besito en la mejilla—. Ten confianza en ti misma y acéptate como eres.

Hablaron largo rato hasta que Isabel se dio cuenta de que tenía que regresar con su familia.

—Se hace tarde. Son ya las siete. Tengo que volver a mi casa.

—¡Sí!, pero antes acepta este regalo, es una nuez dorada, como símbolo de buena suerte y fortuna.

Isabel cogió la nuez de oro y salió del árbol, feliz y radiante. Devolvió el sombrero dorado al duende y le dio un abrazo de despedida.

Ya fuera del árbol, y sin el sombrero dorado, Isabel recuperó su estatura.

Caminó feliz y radiante hacia su casa, donde estaban todos esperando por ella. Cuando llegó, Isabel entregó la nuez de oro a su madre y le dijo:

—Mami, encontré esto en el bosque. Úsalo si lo necesitas.

Sus padres quedaron impresionados de que su pequeña encontrara un pequeño tesoro. Lo usarían en caso de que lo necesitaran.

Sus hermanos también estaban impresionados y empezaron a mirar a su hermana con más aprecio y cariño, pues gracias a Isabel, tenían un pequeño tesoro, una nuez de oro.

Los hermanos estaban más animados para jugar con la pequeña.

Después de siete días, Isabel volvió al bosque sola y caminó un largo rato. De pronto, una ráfaga de viento le puso una pluma verde en su cara y apareció un colibrí con unas alas verde esmeralda.

Isabel siguió al colibrí hasta unos matorrales y vio que había un pequeño nido. Vio cómo la madre alimentaba a sus crías, con tanto amor que Isabel se enterneció. Dentro del nido había un huevo verde esmeralda con una abertura rara. Telepáticamente, la madre colibrí le dijo a Isabel que lo cogiera.

—Gracias por venir, Isabel, te estaba esperando. Este huevo verde solo lo puedes abrir tú. Con él tendrás salud y bienestar. Coge el huevo, Isabel.

Isabel, como curiosa que es, acercó el huevo verde a su cara y puso su nariz en la rara abertura, y el huevo se abrió, dejando ver pequeñas esmeraldas pulidas y brillantes.

Con este precioso regalo en sus manos, Isabel se despidió de la mamá colibrí y sus chiquitines con amor y agradecimiento.

—¡Gracias!, mamá colibrí.

La niña le lanzó un beso al aire y, de nuevo, la pluma verde volvió a su nariz con una suave brisa.

Isabel regresó a casa con la pluma verde y el huevo esmeralda. Cuando llegó, su familia la estaba esperando impaciente.

—Hijita —le decía su madre—. ¿Dónde fuiste? No te alejes demasiado del bosque.

—Mami, estuve paseando y vi un colibrí verde. Mira lo que me ha regalado, mami: una pluma verde y un huevo esmeralda.

La madre cogió el huevo verde y pudo ver que en su interior había diminutas esmeraldas.

—Esto es un pequeño tesoro, hijita.

—El colibrí me afirmó que con el huevo esmeralda tendríamos salud y bienestar.

La madre guardó el huevo verde junto a la nuez de oro. Quizás un día los necesitarían...

La niña volvió a la normalidad y sus seis hermanos jugaban más contentos con ella.

Después de siete días, Isabel volvió al bosque. Esta vez, se detuvo junto al murmullo del agua del río, cuyas aguas cristalinas dejaban ver unos peces rojos.

De pronto, un pez rojo volador se paró junto a ella y le dijo:

—Pequeña Isabel, ven a bañarte en mi río.

75

La niña se fue acercando y solo introdujo los pies. Pero entonces pudo ver un pequeño remolino de agua.

Isabel, que es muy curiosa, acercó su cara y su nariz al remolino, y entonces ocurrió algo insólito. El remolino desapareció y se tornó el agua en calma, dejando ver un fondo lleno de piedras rojas y brillantes, depositadas en un cuenco de barro.

—Pequeña Isabel, te estaba esperando —le dijo el pez rojo volador de forma telepática—. Solo tú podías coger este pequeño tesoro de rubíes con tu nariz retorcida. Coge el cuenco de barro lleno de rubíes y regresa a tu casa.

—Este regalo te dará a ti y a tu familia, amor y felicidad.

Isabel regresó a casa feliz y contenta.

—Pero, hijita, ¿por qué desapareces sin decirme nada? —le decía su madre.

—Mami, fui a dar un paseíto, me senté junto al río y vi un pez rojo volador; y dentro de un pequeño remolino estaban estas piedras rojas. El pez rojo volador me las regaló. Me dijo que con estas piedras siempre habría amor y felicidad en nuestro hogar.

La niña entregó el cuenco de barro con los rubíes a su madre y esta guardó el cuenco junto al huevo esmeralda y la nuez dorada. Quizás algún día los necesitarían...

Mientras tanto, la pequeña Isabel, sus hermanos y sus padres disfrutaban de la buena suerte y fortuna, de la buena salud y bienestar, del amor y la felicidad.

Por orden de su madre, Isabel ya no volvió a salir sola. Cuando quería salir, siempre le acompañaba alguno de sus hermanos.

El tiempo pasó rápido y la niña Isabel se convirtió en una adolescente de catorce años.

En una ocasión, su padre decidió salir al pueblo a comprar. Compró todo lo necesario para la casa, alimentos, frutas, café, leche y algunas chucherías, como caramelos y dulces para todos.

En la tienda del pueblo había de todo lo que pudieran necesitar y mucho más...

El padre echó un vistazo a todo lo que había y le llamó la atención una caja grande de espejos. Era un cuadrado de treinta por treinta centímetros por cada lado. Era como un dado grande de espejos, pero sin puntos. En una cara de la caja había una abertura rara que se parecía mucho a las aberturas de la nuez dorada y del huevo esmeralda. Entonces, el padre no dudó en preguntar a la dueña.

—¿Cuánto vale esta caja?

—Cien monedas —le contestó la dueña.

El padre pensó que era muy cara, pues eran una familia humilde. Pero le gustó tanto la caja que la pagó con alegría y satisfacción.

El padre recogió todos los alimentos y demás cosas que compró y lo cargó en su carreta de caballos. Tuvo especial cuidado con la caja de cristal de espejos.

—Sra. María, ¡por favor ¡Envuélvame esta caja en un paquete regalo! Es para mi hija Isabel.

—Sí, por supuesto —le contestó la dueña.

El paquete regalo quedó precioso. La caja fue envuelta en un papel rosa con un gran lazo azul.

El padre regresó a casa muy contento y canturreando...

—Hola, querida familia. Ya estoy de vuelta.

Todos ayudaron al padre a sacar todas las bolsas de la carreta.

—Querido, compraste muchas cosas —le decía su esposa.

—¡Sí! Compré todo lo necesario y algunas chucherías.

—Queridos hijos, he traído algunos dulces y caramelos que os gustan tanto. Isabel, esto es para ti.

—¿Para mí? ¿Qué es papá?

—Ábrelo y lo sabrás —le decía su padre.

Isabel, emocionada, abrió el regalo de papel rosa y lazo azul, y vio que era una caja de cristal de espejos.

Con la caja en sus manos y dándole vueltas, vio que en una de sus caras, la caja cuadrada tenía una abertura rara. Isabel, como curiosa que es, acercó su cara a la caja para verla mejor y su nariz se posó exactamente en la abertura, que acto seguido se abrió, dejando ver que dentro había un espejo ovalado con mango de plata y tenía algo grabado: "para ti, Isabel".

—Papá, ¿hiciste grabar mi nombre en el espejo?

—¡No, hija! Yo compré la caja cerrada. Solo tú pudiste abrirla. Hija, tu nariz ha cambiado —dijo asombrado.

Isabel se miró al espejo con mango de plata y se vio hermosa. Su nariz se volvió preciosa y respingona y su rostro era pura belleza.

Sus padres y hermanos la miraban asombrados y maravillados. Isabel se volvió hermosa y era pura magia. La jovencita abrazó a su padre.

—Gracias, papá —le dijo emocionada.

Seguidamente, Isabel abrazó a su madre y a sus hermanos.

Todos estaban muy emocionados. La vida seguía igual en esta casa de gente humilde pero bondadosa y trabajadora. Solo hubo un cambio: la magia entró en este hogar y la familia fue feliz. Vivieron toda una larga, saludable y próspera vida.

FIN

© Consuelo Núñez Riesgo (de la obra)
©Apuleyo Ediciones (de esta edición)
Primera edición en Apuleyo Ediciones: Febrero 2024
Diseño de cubierta: Sofía Corzo González
Corrección: Aitor Andreu Guerrero
Maquetación: Alejandro Bermejo Cercas
Ilustraciones: Angélica Aguiar
Coordinación editorial: Isidoro Cidre González
info@apuleyoediciones.com
www.apuleyoediciones.com
ISBN: 978-84-10068-65-0
Depósito legal: H 591-2023

Hecho e impreso en España.